Comentários

O Espírito Santo É Como um Cobertor

"Nesse corajoso livrinho, Hall e Egbert de alguma forma encontraram um jeito de tornar tangível o intangível --- e esse não é um feito nada fácil."

—Bob Staake, autor e ilustrador de mais de 60 livros infantis

"O entendimento de fundamentos espirituais pode ser assustador para uma criança. Mas, graças ao texto carinhoso e caloroso de Annalisa Hall e às ilustrações inspiradas de Corey Egbert, o Espírito Santo será compreendido como o companheiro agradável --- o amigo --- que é e sempre foi. Respeitoso e sem perder de vista o universo infantil, *O Espírito Santo É Como um Cobertor* trará esse conceito tão delicado ao alcance dos pequenos leitores ansiosos por aprender."

—Kelly Milner Halls, escritora

"Ensinar às crianças a respeito do Espírito Santo e sobre a inspiração é uma das coisas mais importantes que fazemos como pais. Esse livro é perfeito ao fazer o conceito do Espírito Santo se tornar algo com o que elas possam estabelecer comparações. Além do mais, é muito divertido! Felicitações a Annalisa Hall, por ajudar as crianças a sentirem o Espírito!"

—Merrilee Boyack, autora de *The Parenting Breakthrough* e de *Book of Mormon Children Stories*

"Um livro maravilhoso com uma mensagem edificante tanto para crianças como para adultos."

—Sheri Fink, escritora de renome internacional, premiada autora de *The Little Rose*

"*O Espírito Santo É Como um Cobertor* é tanto uma grande introdução como um lembrete do consolo e poder do Espírito Santo. Os exemplos de Annalisa Hall são belos e imaginativos, e ajudarão os leitores de todas as idades a descobrirem o próprio modo de entender e vivenciar experiências com o Espírito Santo. Vamos ler esse livro com nossos filhos várias vezes."

—Justin & Amy Hackworth, fotógrafos & escritores

"Profundamente tocante e lindamente ilustrado, as crianças se sentirão imediatamente atraídas pelas páginas desse livro, que com certeza vai se tornar um dos favoritos da família."

—Rebecca Rode, autora de *How to Have Peace When You're Falling to Pieces*

"*O Espírito Santo É Como um Cobertor,* de Annalisa Hall, é inspirador, chegou em boa hora e deve ser lido para seus filhos."

—Laura Taylor, premiada autora e editora

"Quando li esse livro e a maneira como explica as diferentes formas de efetivamente sentir o Espírito Santo, tudo o que consegui dizer foi: 'Brilhante!' Conceitos assim abstratos são muito difíceis de explicar, mas esse livro faz isso lindamente, relacionando experiências cotidianas da criança com o modo como o Espírito Santo age. É perfeito para as crianças que se preparam para o batismo. Ele traduziu em palavras as maneiras como já senti o Espírito Santo, mas que nunca consegui expressar tão claramente."

—Selena Pankretz

"*O Espírito Santo É Como um Cobertor,* de Annalisa Hall, com ilustrações de Corey Egbert, é uma série encantadora de analogias para criancinhas que explica o papel do Espírito Santo em nossa vida. Um cobertor, um par de óculos, uma concha do mar, uma estrela --- esses e outros itens do cotidiano são usados para ajudar as crianças a conectar-se concretamente com um conceito tão incorpóreo. As ilustrações são vívidas e atraentes, e a linguagem é simples e clara, perfeita para os pais lerem para os filhos na hora de dormir ou sempre que desejarem convidar um calmo espírito para dentro do lar. Firmemente alicerçado nas escrituras e hinos SUD, *O Espírito Santo É Como um Cobertor* certamente se tornará um dos mais preferidos."

—Lehua Parker, autora de *One Boy, No Water*

O Espírito Santo É Como um Cobertor

Escrito por Annalisa Hall

Ilustrado por Corey Egbert

CFI

Marca da Cedar Fort, Inc.

Springville, Utah

ISBN 13: 978-1-4621-1558-7

Published by CFI, an imprint of Cedar Fort, Inc.
2373 W. 700 S., Springville, UT 84663
Distributed by Cedar Fort, Inc. www.cedarfort.com

THE LIBRARY OF CONGRESS HAS CATALOGED THE ENGLISH EDITION AS FOLLOWS:

Hall, Annalisa, 1978- author.
The Holy Ghost is like a blanket / Annalisa Hall.
pages cm
ISBN 978-1-4621-1229-6
1. Holy Spirit--Juvenile literature. 2. Mormon children--Religious life--Juvenile literature. 3. Gift of the Holy Ghost (Mormon theology)--Juvenile literature. I. Egbert, Corey, 1988- illustrator. II. Title.

BX8643.H63H35 2013
231'.3--dc23

2013002263

Cover and interior layout design by Shawnda T. Craig
Cover design © 2013 Lyle Mortimer
Translated by Dagmar Munhoz

Printed in China

10 9 8 7 6 5 4 3 2

Para Geoff, Linc, Hari, Marle e para você.
–Annalisa Hall

Para Mamãe, Papai, Sarah, Oliver,
Rex e especialmente para Natalya.
Devo a vocês tudo o que sou.
Amo vocês!
–Corey Egbert

Quem é o

Espírito Santo?

Como Ele é?

Ele é um dos membros
da Trindade.

O Espírito Santo é como uma pomba.

A pomba é dócil e gosta de ficar em lugares tranquilos. A voz mansa e delicada do Espírito Santo também é dócil e suave. O Espírito Santo Se aproximará e descerá gradualmente se você for reverente e tranquila.

Ele é como uma pomba. E o que mais?

O Espírito Santo é como o vento.

Sentimos e ouvimos o poder do vento. Mas, assim como o Espírito Santo, não vemos o vento quando sussurra e assovia. Sentimos o Espírito Santo em nosso coração quando Ele nos avisa sobre um perigo e nos ajuda a escolher o que é certo.

Ele é como o vento.

E o que mais?

O Espírito Santo é como os óculos.

Se alguém não enxerga direito, tudo fica embaralhado e confuso. Assim como um par de óculos, o Espírito Santo nos ajuda a ver tudo claramente e, assim, podemos tomar boas decisões.

Ele é como os óculos. E o que mais?

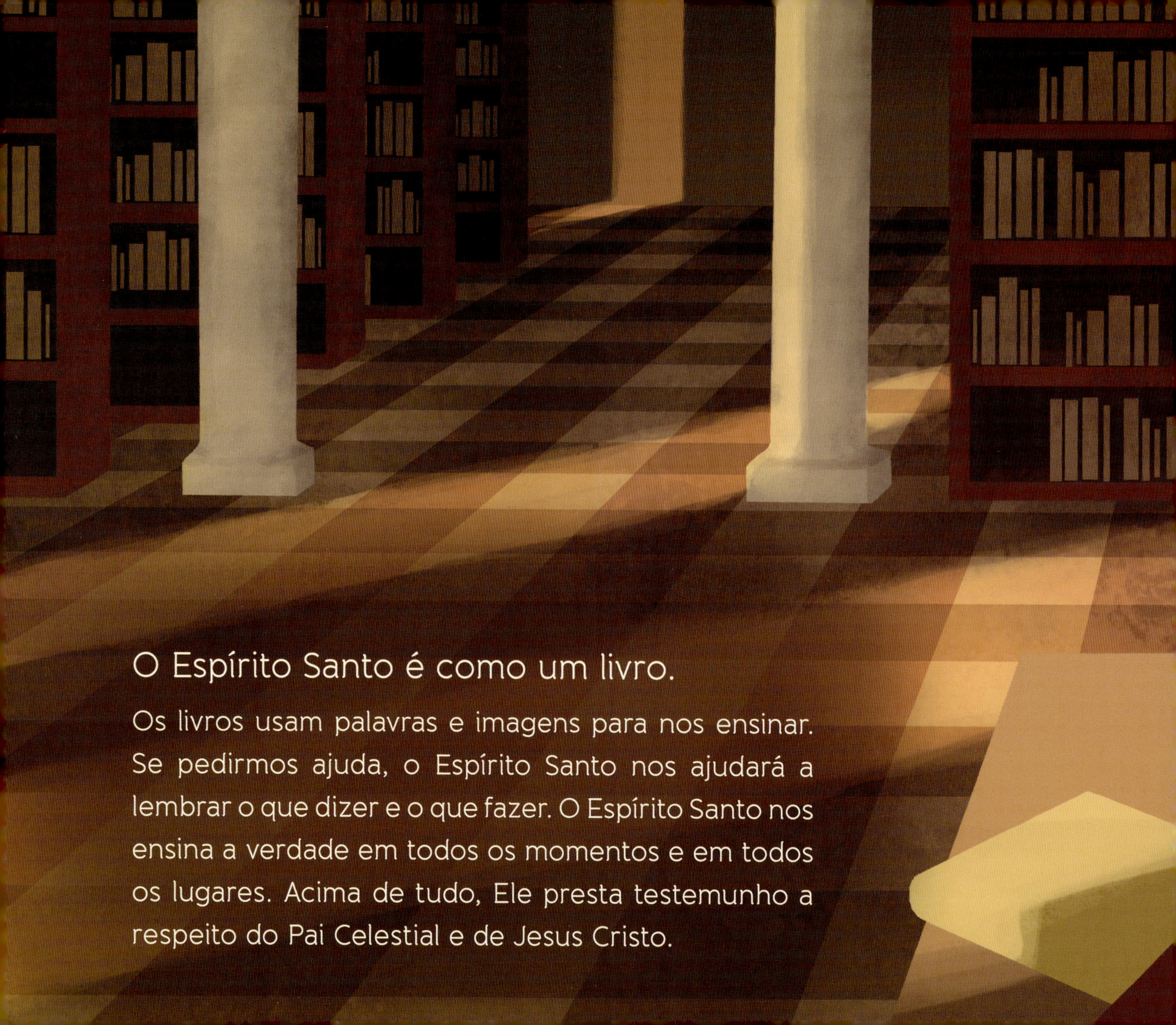

O Espírito Santo é como um livro.

Os livros usam palavras e imagens para nos ensinar. Se pedirmos ajuda, o Espírito Santo nos ajudará a lembrar o que dizer e o que fazer. O Espírito Santo nos ensina a verdade em todos os momentos e em todos os lugares. Acima de tudo, Ele presta testemunho a respeito do Pai Celestial e de Jesus Cristo.

Ele é como um livro. E o que mais?

O Espírito Santo é como uma lanterna.

A lanterna produz uma luz brilhante na escuridão. O Espírito Santo enche de luz a escuridão. Ele ilumina nosso coração e nossa mente. A luz do Espírito Santo brilha mais quando decidimos viver o evangelho.

Ele é como
uma lanterna.

E o que mais?

O Espírito Santo é como um abraço.

O abraço é amigo, bondoso e amoroso. O Espírito Santo pode ser nosso amigo se formos bondosos com os outros. A amizade calorosa do Espírito Santo nos dá alegria.

Ele é como um abraço.

E o que mais?

O Espírito Santo é como uma estrela.

A estrela é constante, nunca sai do lugar e nos conduz pelo caminho correto. O Espírito Santo espera que busquemos a Sua ajuda. Ele está sempre pronto para nos guiar de volta ao Pai Celestial.

Ele é como uma estrela.

E o que mais?

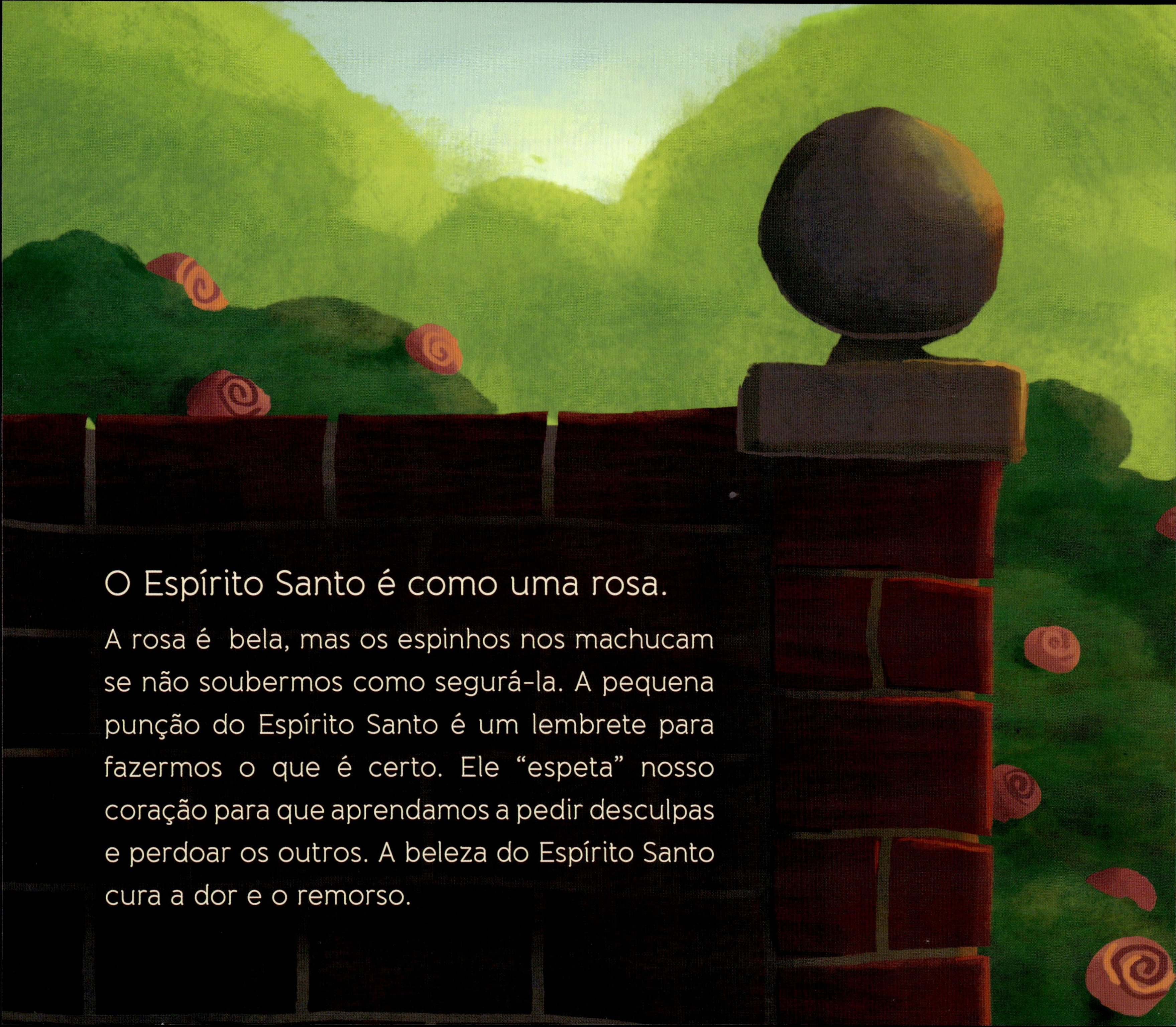

O Espírito Santo é como uma rosa.

A rosa é bela, mas os espinhos nos machucam se não soubermos como segurá-la. A pequena punção do Espírito Santo é um lembrete para fazermos o que é certo. Ele "espeta" nosso coração para que aprendamos a pedir desculpas e perdoar os outros. A beleza do Espírito Santo cura a dor e o remorso.

Ele é como uma rosa. E o que mais?

O Espírito Santo é como uma concha do mar.

Quando colocamos a concha perto do ouvido, ouvimos um sussurro suave. Os diferentes sussurros do Espírito Santo falam ao nosso coração, à nossa mente e à nossa alma. Se não prestarmos atenção, não ouviremos o que o Espírito Santo tem para nos dizer.

Ele é como uma concha do mar.

E o que mais?

O Espírito Santo é como um trem.

O trem transporta uma porção de coisas e atravessa grandes distâncias. O Espírito Santo é um veículo para as revelações. Ele transporta as mensagens do Pai Celestial para nós, traz pessoas boas para nossa vida e viaja ao nosso lado.

Ele é como um trem. E o que mais?

O Espírito Santo é como um guarda-chuva.

O guarda-chuva nos protege da chuva. Assim como o guarda-chuva, o Espírito Santo nos dá coragem e confiança para seguir em frente. Por meio da obediência à orientação do Espírito Santo, estaremos protegidos e em segurança.

Ele é como um guarda-chuva.

E o que mais?

O Espírito Santo é como um cobertor.

Ele é uma dádiva especial do Pai Celestial para nos consolar. O Espírito Santo nos envolve com um sentimento cálido e reconfortante quando estamos tristes ou precisamos de um amigo.

O Espírito Santo é como um
cobertor que me conforta.

FIM

O ESPÍRITO SANTO É COMO UMA POMBA

"E, logo que saiu da água, viu os céus abertos, e o Espírito, que como pomba descia sobre ele" (Marcos 1:10)

"Vi um pilar de luz acima de minha cabeça, mais brilhante que o sol, que descia gradualmente sobre mim" (Joseph Smith---História 1:16)

"I Want to be Reverent" (*Children's Songbook*, 28a)

O ESPÍRITO SANTO É COMO O VENTO

"Pois assim me é sussurrado, segundo o Espírito do Senhor que está em mim" (Palavras de Mórmon 1:17)

"Portanto sentirás que está certo" (Doutrina e Convênios 9:8)

"God's Love" (*Children's Songbook*, 97)

O ESPÍRITO SANTO É COMO OS ÓCULOS

"Pelo poder do Espírito abriram-se nossos olhos e iluminou-se nosso entendimento, de modo a vermos e compreendermos as coisas de Deus" (Doutrina e Convênios 76:12)

"Bem-aventurados os olhos que veem o que vós vedes" (Lucas 10:23)

"The Still Small Voice" (*Children's Songbook*, 106)

O ESPÍRITO SANTO É COMO UM LIVRO

"E pelo poder do Espírito Santo podeis saber a verdade de todas as coisas" (Morôni 10:5)

"E o Espírito Santo dá testemunho do Pai e de mim" (3 Néfi 28:11)

"Ler, Ponderar e Orar" (*Músicas para Crianças*, 66)

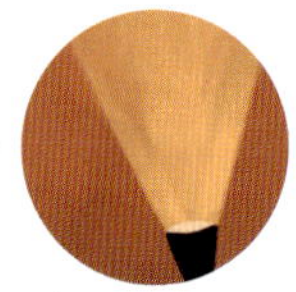

O ESPÍRITO SANTO É COMO UMA LANTERNA

"A luz e a vida do mundo; uma luz que resplandece nas trevas e as trevas não a compreendem" (Doutrina e Convênios 39:2)
"Então vi eu que a sabedoria é mais excelente do que a estultícia, quanto a luz é mais excelente do que as trevas" (Eclesiastes 2:13)

"Faz-me Andar Só na Luz" (*Músicas para Crianças*, 70)

O ESPÍRITO SANTO É COMO UM ABRAÇO

"E estão envolvidos pela incomparável generosidade de seu amor" (Alma 26:15)

"Mas o fruto do Espírito é: amor, gozo, paz" (Gálatas 5:22)

"O Amor do Salvador" (*Músicas para Crianças*, 42)

O ESPÍRITO SANTO É COMO UMA ESTRELA

"Foste iluminado pelo Espírito da verdade" (Doutrina e Convênios 6:15)

"Põe tua confiança naquele Espírito que leva a fazer o bem" (Doutrina e Convênios 11:12)

"Beautiful Savior" (*Children's Songbook*, 62)

O ESPÍRITO SANTO É COMO UMA ROSA

"Compungiram-se em seu coração" (Atos 2:37)

"Nisto conhecemos nós o espírito da verdade e o espírito do erro" (I João 4:6)

"Escolhendo o Que É Certo" (*Músicas para Crianças*, 82)

O ESPÍRITO SANTO É COMO UMA CONCHA DO MAR

"Escutai, ó povo, e abri o coração e de longe ouvi" (Doutrina e Convênios 63:1)

"Recebe no teu coração todas as minhas palavras que te hei de dizer, e ouve-as com os teus ouvidos" (Ezequiel 3:10)

"Listen, Listen (Round)" (*Children's Songbook*, 107)

O ESPÍRITO SANTO É COMO UM TREM

"E aconteceu que depois de haver sido arrebatado no espírito e visto todas essas coisas, eu, Néfi, voltei à tenda de meu pai" (1 Néfi 15:1)

"E pelo Espírito foi ao templo" (Lucas 2:27)

"Mais Perto Quero Estar" (*Hinos*, 62)

O ESPÍRITO SANTO É COMO UM GUARDA-CHUVA

"Também me deste o escudo da tua salvação, e pela tua brandura me vieste a engrandecer" (II Samuel 22:36)

"No sossego e na confiança estaria a vossa força" (Isaías 30:15)

"Quando Eu For Batizado" (*Músicas para Crianças*, 53)

O ESPÍRITO SANTO É COMO UM COBERTOR

"Portanto, agora vos envio outro Consolador, sim, a vós, meus amigos, para que habite em vosso coração, sim, o Santo Espírito da promessa; esse outro Consolador é o mesmo que prometi a meus discípulos, como registrado no testemunho de João" (Doutrina e Convênios 88:3)

"O Espírito Santo" (*Músicas para Crianças*, 56)

Sobre a Autora

ANNALISA HALL

autora, blogger, formada pela faculdade de Administração de Empresas pela Universidade LDS e graduada pela BYU, esposa, ajudante acelerada, mãe de três filhos, mãe empreendedora, filha de Deus, amiga excepcional, costureira extraordinária, leitora voraz, secretária eficaz, contadora de histórias consagrada, poetisa, artesã doméstica sempre ocupada, "tia Anna" 39 vezes, tia-avó (sim, uma sobrinha teve uma filhinha), mais-ou-menos nos cozidos, bem melhor nos assados, ótima professora da Primária, professora visitante com orgulho, menina do dedo verde, pechincheira, palpiteira, rainha do Lego, jogadora de airsoft entusiasta, desenhista gráfica, dona-de-casa ecológica, motorista, melhor amiga e fã(nática) do maridão.

Sobre o Desenhista

COREY EGBERT

sempre amou livros e artes gráficas. Assim, quando descobriu que podia criar as duas coisas ao mesmo tempo sendo ilustrador gráfico, sentiu-se realizado. Suas ilustrações podem ser vistas na série de livros The Niuhi Shark Saga [A Saga do Tubarão Niuhi] e na capa dos álbuns do renomado cantor Rob Taylor. Corey mora em Manti, Utah, com a esposa, Natalya, o filho, Oliver, e o gato, Rex.

0 26575 15587 7